LA CAPPADOCE
Berceau de l'Histoire

ÖMER DEMİR
MEMBRE DE LA SOCIÉTÉ INTERNATIONALE
DE RECHERCHES ARCHÉOLOGIQUES
12ᵉ édition revue

2010

TABLE DES MATIÉRES

Au Lecteur 5
L'Histoire et la Description de la Cappadoce 6
Nevşehir (Nyssa) 16
Formation de Göreme et des Cheminées de Fée 21
Avcılar (Bourg de Göreme) 26
L'Église Obscure (Karanlık Kilise) 29
L'Église à Boucle (Tokalı Kilise) 33
L'Église Cachée (Saklı Kilise) 37
L'Église de la Sainte Vierge (Meryem Ana Kilisesi) 38
L'Église du Mauvais Oeil (El Nazar Kilisesi) 39
L'Église à la Pomme (Elmalı Kilise) 42
L'Église au Serpent (Yılanlı Kilise) 43
L'Église Aux Sandales (Çarıklı Kilise) 44
L'Église Sainte Barbara 45
Paysages d'Hiver en Cappadoce 47
Çavuşin (Tchavouchin) 50
Ortahisar 52
Avanos (Vanessa, Evranos) 54
Uçhisar 56
Zelve 58
Paşabağları (Les Vignes du Pacha) 61
Mustafa Paşa (Sinoson - Sinosos) 63
Ürgüp (Osiana) 64
La Ville souterraine de Derinkuyu (Melegüp Melagobia) 67
Les Villes souterraines et ceux qui les ont construites 74
La Ville souterraine de Mazı Köyü (Mazata) 82
La Ville souterraine Özkonak 83
La Ville souterraine de Kaymaklı (Enegüp) (Soandus) 85
Eski Gümüş 90
La Ville souterraine et les Églises Rupestres de Tatlarin 91
Gülşehir et Açıksaray 92
L'Église Saint Jean 94
Hacıbektaş 95
Soğanlı (Sonakaldı) (Soandos) 96
Ihlara 98
L'Histoire et les Oeuvres des Seldjoukides 103
Aksaray 106
Güzelyurt (Kalveri - Gelveri) 110
Oeuvres Antiques Faites à la Main en Anatolie 111

Auteur	: Ömer DEMİR
Photos	: Irfan ÖLMEZ, Aydın DEMİR, Ömer DEMİR, Murat E. GÜLYAZ, Halis YENİ PINAR
Publié par	: Pelin Ofset Ltd. Şti.-ANKARA Tel: (0.312) 418 70 93
Distribution	: DEMİR COLOR Turistik Yayıncılık - Barış Manço Bulv. No: 51 NEVŞEHİR Tel.Fax : (0.384) 213 32 36
Traduction	: Turgay TUNA

©*Her hakkı mahfuzdur. Çoğaltılamaz, kopya edilemez.*

Coucher du Soleil à Ürgüp

Vallée d'Avcılar

Au Lecteur

Bon nombre d'ouvrages ont été écrits sur la Cappadoce jusqu'à nos jours par différents auteurs, mais la plupart d'entre eux n'ont pas pu satisfaire les touristes tvres ou étrangers; les renseignements qu'on y donnait restaient insuffisants. Ce qui m'affligeait beaucoup. Le besoin se faisait sentir d'écrire un livre qui fasse connaître la région cappadocienne sous tous ses aspects et dans ses moindres détails. J'ai fait la connaissance de Monsieur le Docteur Martin Urban, géologue Allemand, auteur de livres de tourisme, qui était venu dans notre pays entre 1968 et 1973 dans le but de faire des études en Cappadoce pour collecter des renseignements destinés pour son livre intitulé "La Ville Souterraine".

Je l'ai aidé. Ses travaux fructueux en Cappadoce et le soutien qu'il m'a apporté ont motivé mon travail. Je dispose, aujourd'hui, de beaucoup de connaissances nouvelles. Et le présent ouvrage est né du besoin de faire connaître un paradis à la fois historique et touristique, à la lumière des connaisances récentes.

Je sais de mon devoir de remercier en premier lieu le peuple de Cappadoce et M. le Dr. Martin Urban pour leur aimable aide, L'Imprimerie o Pelin Ofset et tout son personnel pour l'aide et l'intérêt qu'ils ont portés à l'impression de cet ouvrage. J'ai enfin le plus grand plaisir de vous présenter, chers lecteurs, cet ouvrage qui est le fruit d'un long travail effectué entre les années 1968-1996.

Ce sera un grand bonheur pour moi si je peux vous être utile.

Ömer DEMİR
DERİNKUYU

L'HISTOIRE ET LA DESCRİPTİON DE LA CAPPADOCE

L'histoire de la Cappadoce a commencé lorsque l'homme a mis pied, c'est à dire après le refroidissement des laves dispersées dans la région lors de l'éruption, il ya des millions d'années, des montagnes Erciyes à l'Est et Hasan Dağı à l'Ouest de la Cappadoce. A Çatal Höyük, près de Konya, on a retrouvé un site d'âge Néolitique remontant à 9 ou 10 mille ans. Ce site découvert en 1958 par J. Melleart et les fouilles réalisées en 1965 ont permis de mettre à jour des statuettes de Déesse Mère, des élégantes parures féminines, des céramiques colorées, ainsi que des restes de poteries. Toutes ces découvertes donnent une idée détaillée de la culture et du passé des plus anciens habitants de la région. Entre 1968-1977, au cours de fouilles faites au tumulus de Topaklı on a trouvé des débris de terre cuite et d'os datant de 3500 av.j-c et certaines pièces datant de 394. En outre, lors des fouilles réalisées en 1991, sous les auspices de la Direction du Musée de Nevşehir, au tumulus de Zank Höyüğü situé à 20 km. au Nord d'Avanos, Hüseyin SEVER, maitre de conférences à l'Université, Seracettin ŞAHİN directeur du Musée et les archéologues Halis YENİPINAR et Murat Ertuğrul GÜLYAZ ont découvert des ustensiles de cuisine, des pots et des poids destinés au métier à tisser datant tous de 3500 à 3000 av.j-c., à savoir l'Age de Bronze. A cette époque, on attachait beaucoup d'importance à la production de poteries. De nos jours, les potiers de l'arrondissement d'Avanos continuent de perpétuer, avec des méthodes anciennes, le même métier en faisant tourner des nouages en bois. Assimilés aux peuples de Necha qui vivaient dispersés dans cette région et intégrant leur culture à la leur, les Prohittites ont fondé le puissant Etat Hittite.

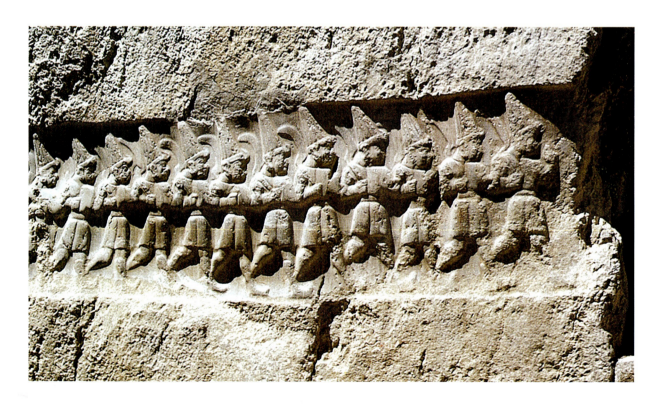

Vue de Kültepe (Kaniş)

Cet Etat puissant a duré jusqu'en 1200 av.j-c. Sa capitale était Hattoushah. Les renseignements les plus détaillés concernant les civilisations Hittites, nous les tenons des sources écrites, trouvées au cours des fouilles réalisées à Hattoushah et à Kanis de Kayseri.

Les invasions en Anatolie débutèrent en 1200 Av.j-c. ; l'Etat Hittite fut incendié et s'effondra. De nos jours, on voit toujours à Alacahöyük de Boğazköy et Alişar les vestiges des incendies de cette époque. Après l'effondrement de l'Etat Hittite, des Beylicats se fondèrent en Anatolie et celle-ci resta longtemps sans souverain. Au V. ème siècle av.j-c., ce sont les Phrygiens, réputés pour leurs élevages de chevaux, qui prirent le pouvoir en Anatolie centrale. Nous n'avons pas de connaisssances approfondies sur l'origine des Phrygiens, sur leur premier lieu d'implantation en Anatolie au cours de leur première immigration et sur l'Etat puissant qu'ils purent fonder. Toutefois, nous savons qu'ils sont entrés, de l'Europe en Anatolie, par les Détroits et nous tenons de

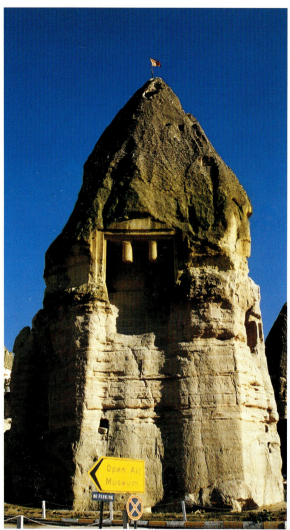

Tombeau Romain

L'archange Gabriel

Vue des environs d'Uçhisar

l'historien Hérodote que les Phrygiens en Europe s'appelaient Brygs ou Birgs.

Bien que la Cappadoce ait·été prise après les Phrygiens par les Mèdes, cet empire Mède s'effondra soudain vers le milieu du VI ème siècle av.j-c. Et l'Anatolie fut conquise d'un bout à l'autre par les Perses en 547 av.j-c. Les Perses étaient administrés, dans leur propre pays, selon le système de provinces, par des gouverneurs dits KHŞATRAPA et appelés SATRAPES par les Grecs de l'antiquité. Du temps des Perses, il y avait au moins 20 Satrapies. Les Satrapes étaient subordonnés au grand roi. Ils s'acquittaient de leurs impôts en chevaux, or et Talent d'argent. Ils donnèrent à la Cappadoce le nom de Katpatoukia. Katpatoukia signifiait en langue Perse "le pays des beaux chevaux" La Cappadoce qui faisait partie de la Satrapie de Daskleion payait par an 360 Talents d'argent.

S'étant emparé en 333 av.j-c. de la partie Sud de la Cappadoce, Alexandre le Grand y nomma un Satrape Perse appelé Sabiktas et poursuivit son chemin vers la Cilicie pour sa grande expédition. Environ un an après, Ariarathes I. qui obtint le soutien du peuple devint roi de la Cappadoce. Bien qu' Ariarathes I. eut élargi les frontières de la Capadoce jusqu'à la Mer Noire au Nord et jusqu'à l'Euphrate à l'Est, Perdikkas qui était l'un des beaux fils d'Alexandre le Grand se rua sur la Cappadoce et repris celle-ci.

Du fait de la mort d'Alexandre le Grand, sans héritier pour le remplacer, le grand empire qu'il avait fondé commença à s'ébranler. Au lieu d'administrer conjointement et en accord ce grand empire établi, les commandements, cités par l'histoire sous le nom de Diadoques, fondèrent de petits royaumes qui n'arrêtèrent pas de se battre pendant 300 années environ et finirent par être anéantis en 30 av.j-c. par les Romains à l'éqoque du dernier royaume Hellénistique.

Après la mort d'Ariarathes et l'expédition de Perdikkas, Ariarathes II., fils adoptif Ariarathes I., avait quitté le pays puis il revint en 301 av.j-c. il assura de nouveau l'unité et l'unanimité. Les frontières s'étaient élargies surtout sous le règne des Ariarathes III. , IV. et V. Le Roi de Cappadoce Ariarathes V. qui avait fait venir à son palais des artistes et savants Grecs, transforma en cités Helleniques les villes de Mazaka (Kayseri) et de Tiyana (Kemerhisar),ce qui détermina la domination de la culture Hellenique en Cappadoce. Ayant perdu sa puissance avec la mort d'Ariarathes V. ,la Cappadoce commença à entrer lentement sous l'influence de Rome. Par la suite, la Cappadoce changea souvent de souverains entre Rome et le Royaume de Pontos. Au cours de ces guerres, la Cappadoce subit beaucoup de dommages. César qui avait commencé, en 47 av.j-c.,la guerre contre le Royaume de Pontos, installa son armée à Mazaka et y séjourna quelques temps. Il pris le Pontos du Sud. En même temps il changea le nom de Mazaka en

Pots / Musée Hacıbektaş

Figurine de la Déesse Merè

Césarée, ville qui devint entièrement, en 17 av.j-c. Province de Rome.

Jésus-Christ avait 30 ans quand il prêcha le Christianisme en Palestine. Accusé par le gouverneur Romain, Ponce Pilate, de projeter de fonder un nouvel Etat en Palestine, Il fut mis à mort et crucifié. Cependant, ses apôtres quittèrent la Palestine, se dispersèrent dans différentes régions et tachèrent à développer le Christianisme en le prêchant partout. Du temps de St. Grégoire de Naziance, St. Grégoire de Nyssa et de St. Basile, grands hommes religieux nés en Cappadoce, le Christianisme se développa rapidement et on prêta beaucoup d'importance à la construction d'églises et monastères. Les premiers lieux de culte construits avaient généralement la forme de petits monastères et sérvaient plutôt de lieux de solitude. Ils ne présentaient pas l'aspect d'une structure architecturale importante. Les églises étaient généralement construites sur les bords des rivières, car le Christianisme ne jouissait pas encore de liberté. Au cours des années 310, il y eut des troubles et révoltes à Rome. Ayant réprimé ces révoltes, Constantinus devint Empereur de Rome et donna la liberté au Christianisme en 313, puis il fit de Byzantion (İstanbul) la capitale de l'Empire Romain. Dès la levée d'interdiction du christianisme, la religion se développa très rapidement en Cappadoce. On continua d'y contruire des églises, monastères et couvents, et on entra sous l'influence du Patriarcat d'İstanbul.

Au VII. Siècle, l'Empire Byzantin vivait des évènements importants tant à l'intérieur qu'à

Les cheminées de fée à Paşabağları

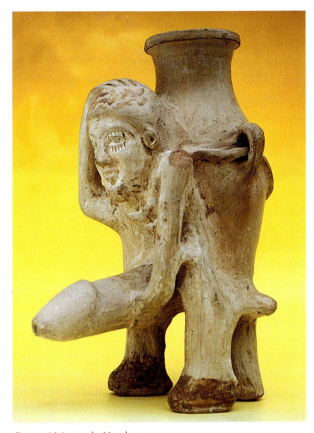

Ryton / Musée de Hacıbestaş

Tombeau Romain / Karlık

l'extérieur. La religion Musulmane, qui avait vu le jour en Arabie, prenait de l'envergure et forçait les frontières de Byzance. Quant à l'intérieur du pays, l'inclination, qu'avaient les moines, à adorer les icônes au point d'idolâtrie déclencha des réactions. L'époque iconoclastique commença par une loi décrétée en 726 par Léon III et se poursuivit plus de 100 années, réussissant à briser la force de l'église et du monastère. A cette époque, les peintures religieuses furent interdites, les églises virent le jour dans les vallées de Göreme, Ihlara et Soğanlı, Les intérieurs étaient peints de fresques traitant les sujets de l'Evangile. C'est postérieurement à cette époque qu'a commencé la création des plus belles églises et fresques de la période Byzantine. La construction d'églises en Cappadoce a continué jusqu'au XIII. ème siècle.

Le Mihrab

La rapide conquête de l'Anatolie par les Seldjoukides en 1071, n'eut aucune répercution sur les croyances religieuses des Byzantins, et ceux-ci étaient entièrement libres dans l'exercice de leur culte. Les églises et les mosquées construites au même endroit et en même temps dans cette région démontrent l'extrême tolérance dont les deux communautés faisaient preuve l'une envers l'autre. Il est possible de découvrir un exemple de cette tolérance aux ruines de Zelve. Les églises, chapelles et couvent construits en Cappadoce sont tellement nombreux qu'il n'est pas possible, actuellement, de donner un chiffre précis, mais leur nombre pourrait être évalué à 400. La plupart des peintures sont, soit classiques par une certaine beauté des lignes, soit travaillées dans un style simple. Certaines d'entre-elles, réalisées dans le cadre d'un plan, reflètent le soin de l'artiste tant pour

Sculpture resèsentant le Dieu Jupiter / Gökçetoprak

leur structure intérieure que par leur structure extérieure. Telles les peintures de l'Eglise à voûte de Soğanlı.

Les premiers Chrétiens ont aussi donné de l'importance au creusement de grottes où ils construirent de petites chapelles pour rendre culte à Dieu.

En 717-718, les armées du Calife Omar pénétrèrent jusqu'à l'intérieur de l'Anatolie et livrèrent des combats plein de succès. Mesmele, un des commandants d'Omar, parvint jusqu'à Kayseri et infligea de lourdes pertes aux armées de Byzance. Bien que les grottes et temples souterrains aient servi d'abris contre les raids Musulmans ou contre les Seldjoukides en 1071, lors de leur entrée en Anatolie, ces temples et grottes perdirent de leur importance lorsque les Seldjoukides, ayant turquisé l'Anatolie, permirent aux

Chrétiens leur liberté religieuses. A la dispersion des Seldjoukides succèda, en Anatolie, l'époque des Beylicats. Les villes Cappadociennes changèrent parfois de main entre ces beylicats. Les Ottomans grandissant et se fortifiant de plus en plus, prirent toute l'Anatolie et devinrent un état puissant. Les Ottomans, eux aussi, n'intervinrent pas dans les croyances religieuses des Chrétiens, mais ces derniers ne purent enregistrer un progrès religieux important. Par suite de l'échange de populations réalisé en 1924 après la déclaration de la République, la présence de la communauté Chrétienne en Cappadoce pris fin presque entièrement.

Des merveilles se sont crées en Cappadoce avec la collaboration de l'histoire, de la nature et de l'homme. On peut diviser en trois groupes les lieux attirant la curiosité et l'admiration des touristes venant dans la région.

1- Beautés naturelles, cheminés de fée et vallées qui sont uniques au monde.

2- Eglises rupestres ornées de fresques représentant Jésus-Christ, la Vierge Marie, les saints et les évènements cités dans l'Evangile.

3- Villes souterraines dont la construction, estime-t-on remonte aux années antérieures à Jésus. Ces villes souterraines ont été agrandies plus tard et utilisées tant comme lieux de culte clandestins que comme abris.

Paşabağı / Zelve

NEVŞEHİR (NYSSA)

L'histoire de Nevşehir construit en Anatolie intérieure, sur le versant du mont Kahveci Dağı de la vallée Kızılırmak, remonte aux années av. j-c. L'ancien nom Nyssa devint plus tard Muçkara.

Les Hittites qui vécurent entre 2000 et 1200 av. j-c. s'étaient d'abord installés dans la partie intérieure qui forme le sud du fleuve Kızılırmak, puis ils prirent de l'extansion jusqu'en dehors des affluents du Kızılırmak afin d'agrandir leurs frontières. Après la chute des Hittites, Nevşehir entra au VII. ème siècle av. j-c. sous la protection tantôt des Assyriens, tantôt des Phrygiens. En 546, Cyrus, empereur Perse, annexa Nevşehir à son propre territoire. Au VI. ème siècle av.j-c. toute l'Anatolie était annexée à cet empire. Ayant supprimé en 33 av. j-c. cet Empire Perse, Alexandre le Grand, empereur de Macédoine, devint maître de ces terres. Plus tard, on y verra régner le Royaume de Cappadoce, formé par l'unification des frontières de Kayseri, Niğde et Nevşehir. La

La forteresse de Nevşehir

capitale de ce royaume s'appelait Mazaka, la préfecture de Kayseri actuellement. Au I. ér siècle, Nevşehir accepta la souveraineté Romaine et, de ce fait, se lia à Rome; Puis, à Nevşehir la domination Romaine fut remplacée par celle de Byzance. C'est de l'époque de Byzance que l'on peut voir, le plus grand nombre d'oeuvres, d'églises rupestres, d'abris et de temples souterrains dans le territoire de Nevşehir.

Ceux qui adoptèrent le Christianisme à son stade initial subirent une fonte oppression des idolâtres et ceci les incita à creuser de nombreux abris souterrains, comme à Derinkuyu, Kaymaklı, Doğala, Özkonak, Mazı afin de se protéger tout en continuant à répandre clandestinement leur religion. Dès lors que Constantin autorisa officiellement cette religion, les grottes souterraines furent utilisées comme abris ou contre les invasions des peuples Arabe, Sassanide etc..

La Mosquée d'İbrahim Paşa / Nevşehir

Vue intérieure de la Mosquée d'İbrahim Paşa

Dès que les abus perdirent de leur importance, les Chrétiens les délaissèrent et construisirent des centaines d'églises dans les trous des roches se trouvant dans les vallées de Göreme, Soğanlı, Ihlara et ils s'y installèrent. Ils retracèrent à l'aide de fresques peintes les différentes scènes de l'Evangile.Après la bataillede Malazgirt en 1071 ap.j-c-entre Alpaslan et Romain Diogènes, Nevşehir passa aux mains des Seldjoukides.Le Sultan Seldjoukide Kılıçarslan II. partagea son pays entre ses onze fils; Nevşehir échu à son fils Messoud, puis son frère Rükneddin repris cette ville en 1204. Après la chute des Seldjoukides en 1308, Nevşehir passa aux mains des İlkhanides. Plus tard, Nevşehir fut sous la domination des fils de Karaman et Dulkadir. Puis, Selim le Cruel s'empara de Nevşehir, après avoir mis fin au beylicat des fils de Dulkadir. Lorsque Damat İbrahim Pacha, né au début du XVII. ème siècle à Nevşehir, accéda comme vizir et gendre au Sérail Ottoman il changea l'ancien nom de cette ville "Muşkara" et l'appela Nevşehir, qui veut dire "ville neuve". Il entreprit des travaux de reconstruction: auberges, hammams, médressés ainsi que la mosquée Kurşunlu Camii. Ce sont les principales oeuvres, à l'architecture intéressante, qui sont restées jusqu'à nos jours du gendre İbrahim Pacha de Nevşehir.

Jusqu'en 1954 Nevşehir était un arrondissement de Niğde, puis devint chef-lieu de département apès cette date.La tapisserie et la viticulture viennent en tête dans les moyens de subsistance de Nevşehir.Dans les environs on peut voir et admirer des villes souterraines, cheminées de fée, églises rupestres, monastère et restes de caravansérails

Vue générale

Sarcophage d'Avanos / Musée de Nevşehir

Sarcophages en terre cuite de la période Romaine

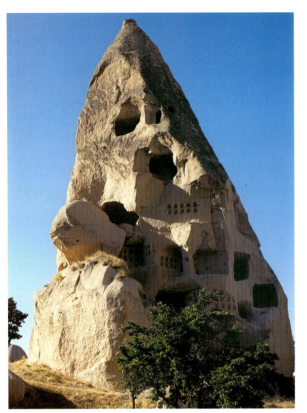

Göreme

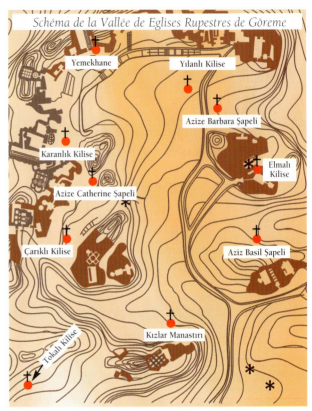

Formation des cheminées de fée / Göreme

Göreme

FORMATİON DE GÖREME ET DES CHEMİNÉES DE FÉE

Des milliers d'années avant notre ère, des laves jaillies de la montagne Erciyes alors en activité, ont couvert une superficie d'environ 20.000 km². Le volcan éteint, la région subit une grande érosion éolienne et fluviale.

Cette érosion draina les terres et mis à découvert les rochers durs et caillouteux ; certains restés sur des rochers plus grands ont donné naissance aux cheminés de fée.

Réfugiés dans la vallée de Göreme pour fuir la pression Arabe, les Chrétiens donnèrent à cette vallée le nom de Göreme qui veut dire "tu ne peux pas voir ". Changé plus tard en Korama, ce nom nous parvint sous la forme de Göreme.Situé entre Nevşehir et Ürgüp, à 17 km.de Nevşehir et 6 km. d'Ürgüp, Göreme

Vue des cheminees de fee, de ballon monte

attire l'attention des voyageurs venant visiter la région, avec ses cheminées de fées insolites et ses églises rupestres dans la vallée d'Avcılar. Jadis, Göreme était probablement plus large, que de nos jours.

Saint Paul jugea Göreme, comme lieu approprié pour la formation de missionnaires. A Göreme, on évalue le nombre d'églises à 400 environ. Du VI. éme siècle jusqu'au IX. éme siècle ce fut un des plus grands centres de la Chrétienté. Les églises sont dispersées dans différents endroits tels que Zelve, Mustafa Paşa, Avcılar, Uçhisar, Ortahisar et Çavuşin. Touts ces villages sont très proches les uns des autres. Dans la vallée de Göreme on peut voir les églises : Tokalı Kilise (kilise = église), Çarıklı Kilise, Karanlık Kilise , Meryem Ana Kilisesi, Elmalı Kilise, Yılanlı Kilise, Barbara Kilisesi, El Nazar Kilisesi

Vue d'Avcılar et le Mont Erciyes

AVCILAR Bourg de Göreme

Avcılar est un bourg construit dans une vallée au sein de beautés naturelles et de vestiges historiques. Situé 500 mètres à l'Ouest du centre des églises rupestres de Göreme. Sur une superficie de 5 km._ environ on peut admirer les plus belles cheminées de fée, également des églises restées de l'époque d'iconoclastie . Un grand nombre d'églises ont été détruites, actuellement , dans ce bourg ,peu d'églises à fresques sont debout.

Les habitants continuent de maintenir leur vie enchevêtrée parmi les cheminées de fée ou les orifices se trouvant dans les rochers. Faisant froid, en hiver et chaud en été, avec une roche naturellement isolante des températures extrêmes, les habitants, au gré de leurs besoins, ajoutent des pièces habitables en creusant cette roche, dans le but de s'assurer des hivers tièdes ou des étés frais. Certaines de ces pièces sont aménagées et utilisées comme pensions pour les touristes. A 2 km. au nord du bourg dans des vignobles on peut contempler le spectacle unique de la région avec des cheminées de fée. Les habitants d'Avcılar (Göreme) sont conscients de l'importance du tourisme pour leur région et de leur rôle pour le bien-être et l'accueil des touristes. Les touristes trouvent à leur disposition des hotels, motels, campings ou pensions et partout le touriste remarquera, dans la région, les meilleurs exemples de traditions d'hospitalité Turque.

L'église rupestre Kadir Durmuş, se situe à l'Ouest du bourg au lieu dit Keşişdere (ruisseau des moines), construite sur six colonnes, très belle par sa structure mais dépourvue de peinture.

Au même endroit, l'église Yusuf Koç, creusée dans une haute cheminée de fée. Elle fut utilisée comme pigeonnier durant un certain temps. Construite après la période iconoclaste, cette église a un plan en croix et deux absides.

Ses colonnes sont effondrées mais les fresques ont pu rester plus ou moins intactes. Sa structure intérieure , ainsi que ses peintures rappellent Elmalı Kilise qui se trouve au musée en plein air. Les deux églises portent le nom du propriétaire des vignes dans lesquelles elles se trouvent. On ne connait pas leurs noms d'origine.

D'autre part, le bourg de Göreme connut plusieurs civilisations avant j.c. La tombe Romaine monumentale, se trouvant au centre du bourg, est devenue le symbole de Göreme.

L'Église de Yusuf Koç

L'Église de Kadir Durmuş

Karanlık Kilise
(l'Église Obscure)

C'est une église à coupole, construite sur quatre colonnes, avec une abside principale et deux petites absides latérales. C'est une des plus belles églises construites au XIII. ème siècle, L'église a une seule petite fenêtre qui s'ouvre à l'extérieur. Son nom lui vient du fait d'être toujours dans la pénombre. Cette obscurité fut la meilleure protection au fil des siècles, pour conserver toute la vivacité aux couleurs des fresques.

Des scènes de l'Evangile sont relatées sur les fresques avec beaucoup de talent. Parmi ces scènes on peut remarquer sur la voûte: La Sanctification, la Cène, l'Adoration des Mages, le Baptême de Jésus, Jésus aidant les pêcheurs, la Crucifixion, la Trahison de l'Apôtre Judas.

Jésus "Le Pantocrator" / Karanlık Kilise à Göreme

La Cène / Karanlık Kilise

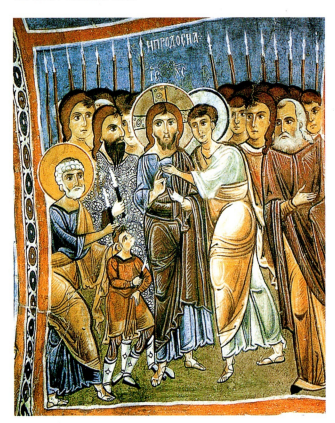

La Trahison de Judas / Kranlık Kilise

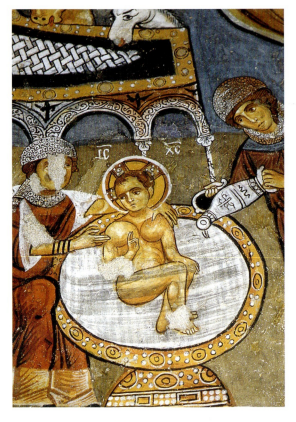

Le Baptême / Karanlık Kilise

Tokalı Kilise
(L'Église à Boucle)

Tokalı Kilise est la plus grande église connue de la région, elle est composée de 4 constructions faites à diverses périodes. L'ancienne église, à nef unique, de petite dimension ; une église se trouve au-dessous de l'ancienne église ; la grande église nouvelle à, du côté Nord, une chapelle latérale. Bien qu'aujourd'hui elle soit l'espace formant l'entrée de la nouvelle église, l'ancienne église avait à l'origine une construction à nef unique et voûte en berceau, Quand on l'ajouta à l'Est de la nouvelle église son abside fût complètement démolie, puis on la décora, avec des fresques racontant la vie de Jésus. Les scènes peintes se trouvent placées sur la vôute et la partie supérieure des murs. Cette église est datée du début du X. ème siècle.

Le cycle, retraçant la vie de Jésus, est divisé en panneaux sur la coupole de l'entrée. Les scènes commencent de l'aile droite en se poursui-vant vers l'aile gauche.

L'adoration des Rois Mages

Dans l'aile droite de la coupole on trouve les scènes suivantes : l'Annonciation, la Visitation, la Démonstration de la Virginité, le Voyage à Bethléem, la Nativité. Sur le panneau supérieur de l'aile gauche: L'Adoration des Mages, le Massacre des Innocents, la Fuite en Egypte, la Présentation de Jésus au Temple, l' Exécution de Zacharie. Sur le panneau central de l'aile droite; la Poursuite d'Elisabeth, la Désignation de Jean-Baptiste, la Rencontre de Jésus et Jean-Baptiste, le Baptême, les Noces de Cana. Sur le panneau central de l'aile gauche: le Miracle du Vin, la Multiplication des Pains et des Poissons, la Désignation des Apôtres. Sur le panneau inférieur de l'aile droite: l'Entrée à Jérusalem, la Trahison, Jésus devant Pilate. Sur le panneau inférieur de l'aile gauche: Jésus sur le Chemin de Golgotha, la Crucifixion, la Des-

L'Eglise Tokalı

Saints Anonymes

cente de la Croix, la Mise au Tombeau, Les Femmes Devant le Tombeau Vide, la Descente aux Enfers, l'Ascencion de Jésus. Au-dessous de ce panneau: Des figures de Saints et au dessus de l'entrée: la Transfiguration.

La nouvelle église a un plan rectangulaire avec coupole simple, un narthex longitudinal et une nef transversale. A l'Est, 4 colonnes sont reliées par des arcs, derrière ces colonnes un haut corridor, une grande abside et deux petites absides latérales. A gauche, à l'entrée, une petite nef latérale. Sur son narthex à vôute en berceau, des fresques représentant, par ordre chronologique, la vie de Jésus. Les fresques ont été travaillées dans des tons rouges et bleus. Ce qui différencie la Nouvelle Eglise des autres, c'est la couleur bleu foncé utilisée dans ses peintures. Cette église date de la fin du X.ème siècle ou du début du XI. ème siècle.

Dans la nef transversale sont représentées des figures de Saints ainsi que les miracles de Jésus. Parmi les scènes on trouve: l'Annonciation, La Visitation, l'Accusation de Joseph à Marie, la Démonstration de la Virginité, le Voyage à Bethléem, le Rêve de Joseph, laNativité, l'Adoration des Mages, la Fuite en Egypte, la Présentation de Jésus au Temple, Jésus au Temple parmi les Savants, la Désignation de Jean-Baptiste, le Baptême, l'épreuve de Jésus, la Désignation des Apôtres Pierre, Matthieu, André, Jacob et Jean, les Noces de Cana, la Guérison de l'Aveugle, la Guérison du Lépreux, Guérison de la Main Estropiée,

L'Archange Gabriel / Tokalı Kilise

La Crucifixion

Guérison du Fils de l'Homme Riche, Guérison de la fille de Jaïrus, Guérison du Paralytique, Résurrection de Lazare, l'Entrée á Jérusalem, Jésus devant Pilate, Jésus sur le Chemin du Golgotha, la Crucifixion, la Descente de la Croix, les Femmes devant le Tombeau Vide, la Descente aux Enfers, la Dormition de Marie, l'Ascencion de Jésus, la Mission confiée aux Apôtres, la Pentecôte, les Premiers Diacres.

Marie et L'enfants Jésus / Karanlık Kilise

La Vierge et Jésus

L'Intérieur de Saklı Kilise

Saklı Kilise
(L'Église Cachée)

Si votre point de départ est le bourg d'Avcılar, vous trouverez l'Eglise Cachée aprés avoir marché 300 m. en direction des collines qui restent à droite du Musée en plein air de Göreme.

La porte d'entrée de cette église est creusée dans la partie Ouest de la Colline qui donne sur la Vallée de Zemi. Etant creusée dans le flanc d'une colline, il est impossible de l'apercevoir de loin.

L'érosion en ayant bouchée l'entrée, cette église resta cachée pendant des siècles, ce qui lui valut le nom "Saklı Kilise" (l'église cachée) par les habitants de la région.

Les fresques, ayant été préservées pendant des siècles, sont en bon état.

Meryem Ana Kilisesi
(L'Église de la Vierge Marie)

Près de Tokalı Kilise on tourne à gauche, avant d'arriver au musée en plein air de Göreme; à 100 m. vers le Nord on parvient à la Vallée de Kılıçlar dont la profondeur atteint 30 m. Meryem Ana Kilisesi fut construite sur le bord supérieur de cette vallée. Cette église a subi au fil des ans pas mal de destructions consécutives à l'érosion.

La porte d'entrée est très basse. On peut remarquer une pierre ronde qui devait servir de porte pour le tunnel à côté. Le tunnel devait être en liaison avec d'autres églises.

C'est une église qui mérite d'être vue. Sur les fresques on remarque plusieurs fois la représentation de la Vierge Marie, ce qui explique le nom de "Meryem Ana" donné à cette église.

La Vierge Marie

L'Eglise El Nazar

El Nazar Kilisesi
(L'Église du Mauvais Oeil)

C'est une église isolée qui se trouve dans les vignes, Pour y accéder on suit le lit d'une rivière assèchée sur la droite, cela avant d'arriver au musée en plein air, sur la route Avcılar-Göreme. Il faut marcher 1 km. et tourner á gauche, sur une distance d'environ 100 m. pour atteindre cette église. Malgré les ravages des années, l'église El Nazar a pu rester debout. Actuellement la direction du Musée de Nevşehir a commencé des travaux de restauration. Les fresques se trouvant à l'intérieur de cette église, symbole de Göreme, datent du XI. ème siècle. On trouve plusieurs peintures représentant l'enfance et la vie de Jésus.

C'est une église à deux étages, mais une partie de ces étages, se trouve effondrée.

Coupole centrale de l'Eglise à la Pomme avec Jesus

Elmalı Kilisesi (L'Église à la Pomme)

Cette église se trouve creusée dans la roche, à droite du chemin qui passe devant le monastère Kızlar Manastırı). Elle a une coupole reposant sur 4 colonnes, une grande et deux petites absides. Certaines fresques, en bon état, datent de la période d'iconoclastie. Malgré tout, certaines présentent des fêlures et écaillures. Sur la coupole est représentée la Sanctification du Christ. Sur les murs on peut voir les scènes suivantes : Le Baptême, l'Entrée à Jérusalem, la Cène, la Crucifixion, la Trahison de Judas. Sur l'une des peintures, Jésus tient un objet rond dans sa main, qui fait penser à une pomme, c'est ainsi que le nom Elmalı Kilise fut donné à cette église. Selon certains chercheurs cela symboliserait le Monde.

Yılanlı Kilise (L'Église au Serpent)

C'est une église intéressante. Elle ne possède ni coupole, ni colonne, Le plafond est en arceau, des peintures sont exécutées sur les côtés. A l'entrée, sur le mur à gauche, on voit Constantin et Hélène tenant la Croix. On peut également voir la représentation du combat de St. Georges et de St. Théodore avec le serpent, ainsi que les portraits de St. Basile, St. Thomas et Onouphrios.

Selon certaines traditions, Onouphrios était auparavant une femme aux moeurs légères, qui lasse des hommes qui la dérangeaient sans cesse, pria Dieu de la sauver. Dieu écoutant sa prière lui fit pousser de la barbe et la rendit laide. C'est pourqui Onouphrios est représenté mi- homme, mi-femme.

Dans l'Église au Serpent il existe également un tombeau.

Onouphirios

St. Georges et St. Théodore tuant le dragon.

La coupole de l'Eglise aux Sandales

Çarıklı Kilise (L'Église aux Sandales)

Cette église est située dans le musée en plein air de Göreme à la fin de la chaîne d'églises. Ses escaliers ayant étant détruits, du fait de l'érosion, on y accède par des escaliers de fer construits ultérieurement

A l'intérieur on y remarque quatre voûtes et trois absides. Ses fresques ont des similitudes avec les Églises Karanlık et Elmalı. Les peintures des églises Karanlık et Çarıklı furent exécutées au XIII. ème siècle.

Dans Çarıklı Kilise on peut également remarquer la Crucifixion, la Descente de la Croix, la Résurection de Lazare, l'Enfance de Jésus, l'Entrée à Jérusalem, la Transfiguration etc..

Azize Barbara Kilisesi (L'Église Sainte Barbara)

C'est une église rupestre très intéressante, taillée à même la roche et située à droite de l'entrée du musée en plein air de Göreme, au Sud de l'église Elmalı.

L'église Ste. Barbara possède un plan en forme de croix avec deux colonnes. Les ailes Nord, Sud, Ouest sont en voûtes à berceaux, tandis que celle de l'Est, en voûte soutenue par deux colonnes. On y voit une abside principale, deux latérales et une coupole centrale. Dans la coupole Nord on peut remarquer un portrait du Christ. La particularité de cette église est la peinture ocre (terre de Sienne) directement appliquée sur la roche. Cette église rupestre remonte au II.éme siècle; on y trouve des peintures représentant, Sainte Barbara, Saints Michel et Théodore ainsi que des motifs géométriques ou encore des représentations de bêtes mythologiques et autres symboles.

L'abondance des motifs donne une impression de pierre peinte faisant presque oublier que cette église est entièrement creusée dans la roche.

L'Intérieur de l'église Sainte Barbara

Ortahisar et le Mont Erciyes

Environs de Göreme

Château d'Uçhisar

PAYSAGES D'HİVER EN CAPPADOCE

En Cappadoce les premières neiges apparaissent en Décembre ou janvier. La température peut parfois baissé jusqu'à moins 15 degrés. Comme on le voit sur les photos, la neige couvre un seul côté des cheminées de fée et des vallées, l'autre côté restant à découvert.

L'hiver sous la neige, fait de la Cappadoce un paysage incomparable

"Les Trois Belles" de Ürgüp

Tissage de tapis

Potier d'Avanos

Les anciennes maisons

Les villageoises préparant la cuisine

Vue de Çavuşin

ÇAVUŞİN (Tchavouchin)

Le village de Çavuşin est situé à 5 km. de Göreme, en partant vers la direction d'Avanos. Ce village est connu par ses églises et presbytères datant, en général, du I er. et II éme siècle. Certaines de ces églises se trouvent aux environs de Güllüdere et Kızılçukur. Parmi elles, certaines sont utilisées comme pigeonniers par les habitants de la région.

L'église la plus importante et la plus intéressante est du genre basilique, creusée dans la roche, sur la paroi de la falaise. Cette église fut construite à la mémoire de St. Jean. La partie avant a été érodée par les ans, cependant sa colonne a pu résister jusqu'à nos jours.

A la sortie du village, en direction d'Avanos, il existe une autre église appelée "Güvercin Evi" (maison des pigeons). Egalement, sa partie avant a été détruite par l'érosion et une partie de ses fresques sont restées enfouies sous terre. On peut y accéder par un escalier de fer pour admirer quelques fresques. Cette église ne possède pas de colonne porteuse. Son plafond à la forme d'un croissant.

Sur les fresques sont représentées la vie de Jésus et des scènes d'Evangile. Ces fresques ont été peintes dans des tons vert et brun.

Tout près de cette église on peut également remarquer un monastère et quatre tombeaux.

L'Eglise St. Jean

ORTAHİSAR

Cette petite bourgade située à 1 km. au Sud de la route Ürgüp-Nevşehir, est caractérisée par sa citadelle. Celle-ci fut utilisée comme abri à l'époque des Chrétiens. Du haut de cette citadelle on peut admirer la vallée de Göreme.

A Ortahisar sont situées les églises: Üzümlü, Harun et Sarıca. En outre, dans ce même

Le Château d'Ortahisar

bourg, on trouve des centaines de dépots d'agrumes. Parmi eux, certains dateraient de la période des Chrétiens; ils ont été restaurés par les Turcs et, actuellement, sont utilisés. Ces agrumes restent des mois dans ces dépots naturels avant d'être expédiés dans tous les pays.

La tapisserie, la viticultures ainsi que la production vinicole sont parmi les principaux moyens de subsistance de la population.

Le Château d'Ortahisar

AVANOS (Vanessa, Evranos)

Avanos

Sur l'histoire de cette bourgade, située à 20 km. de Nevşehir, on ne connait pas grand chose. Ce bourg fut, à une période, intégré dans les frontières d'une tribu nomade Seldjoukide, alors sous le commandement d'Evranos Bey, émigrée vers l'Ouest et installée dans les environs du Kızılırmak, au Sud de la montagne Ziyaret, il prit et alors le nom d'Evranos puis devint plus tard Avanos.

Autrefois cette région était connue sous le nom de "Vanessa", qui signifie ville en Latin.

De tout temps les habitants de cette région fabriquèrent des objets en céramique, des cruches, des assiettes et ustensiles divers. De nos jours, les habitants d'Avanos perpétuent cette tradition et sont renommés pour leurs poteries.

L'artisanat de poterie et de tapis traditionnel, donne à cette région une couleur harmonieuse de leur savoir faire.

Tout près d'Avanos, Saruhan, Zelve, Çavuşin, Avcılar, Göreme et Özkonak restent des lieux très visités et appréciés par les touristes.

Vue générale d'Uçhisar

UÇHISAR

Situé sur la route reliant Ürgüp à Nevşehir. A la sortie d'ürgüp faire 12 km. et bifurquer à gauche sur 1 km. Uçhisar est un bourg touristique, qui dépend de Nevşehir. Tout d'abord les maisons furent construites autour de la citadelle, puis au fil des années, du fait de la population grandissante et de l'érosion, les maisons se bâtirent jusqu'en bas dans la vallée. Aussi, aujourd'hui la citadelle se trouve au milieu du village. Une grotte a été creusée dans cette citadelle dans laquelle on peut accéder par trois

chemins se rejoignant dans une grande salle. Dans l'un deux, derrière une porte en pierre il ya une pièce oú se tenait la sentinelle de garde. On trouve encore trois autres pièces, des dépots ainsi que plusieurs autres galeries.Certaines sont effondrées, d'autres obstruées par les pierres et la terre.

La particularité d'Uçhisar est de pouvoir, du haut de sa citadelle, contempler le panorama unique de toute la vallée de Göreme. C'est un endroit idéal pour les amateurs de photographie.

Les pensions chez l'habitant sont très prisées par les touristes de tous pays, en raison de la possibilité d'admirer à leur aise, les cheminés de fée, la vallée de Göreme depuis la fenêtre de leur chambre ou encore du jardin de la pension où ils séjournent.

Vallee de Zelve

ZELVE

En partant de Göreme vers Avanos faire 3 km, puis bifurquer sur la droite. En poursuivant une route entourée de cheminées de fée diverses, on arrive à l'ancien village de Zelve. Ici, on découvre les plus belles et les plus variées cheminées de fée de la région Cappadocienne. Particulièrement celles de Paşabağ sont d'un grand intérêt. Les cheminées de fée en groupe ont 15 à 20 m. de hauteur. Certaines possèdent trois chapiteaux. Dans l'ancien Zelve sont restés de la période

Moulin à Zelve

iconoclastique des monastères, des églises. A l'époque des Chrétiens, les grottes servaient de refuges.

Comme dans certains autres villages il existe des preuves démontrant la coexistence des Chrétiens et Musulmans. Un ouvrage, faisant penser à un minaret de mosquée, est resté fermé jusqu'à nos jours. Après que ce village fut abandonné par les Chrétiens, il servit, à la population Turque mais dû être vidé en 1950 à cause des effets de l'érosion. Les habitants furent installés un peu plus loin dans un village nouvellement construit. Par la suite, le village de Zelve fut transformé en musée et reste un lieu très visité et apprécié par les touristes.

Fresques d'une église à Zelve.

Zelve

Paşa Bağları (Les Vignes du Pacha)

Avant d'arriver à Zelve, en venant de Göreme, on passe par une route entourée des plus hautes cheminées de fée de la région, possédant plus d'un chapiteau. C'est un lieu d'escale pour les touristes qui restent subjugués par le spectacle grandiose de la nature.

Dans la cheminée de fée à trois chapiteaux, deux pièces furent creusés. A l'intérieur de l'une

Cheminee de fée en forme de champignon

Cheminées de fée à Paşabağları

d'elles vivait, dans un total isolement au V. ème siècle, le moine Saint Siméon. Le propriétaire des vignes se surnommant "pacha", donne l'explication du nom de l'endroit.

Dans la vallée dite "Aşk Vadisi" (ou la vallée de l'amour) on trouve également de très hautes cheminées de fée. Cette vallée se situe au Nord du bourg d'Avcılar.

Une ancienne maison à Mustafa Paşa

MUSTAFAPAŞA (Sirason, Sinassos)

C'est un bourg se trouvant dans une vallée située à 5 km. au Sud d'Ürgüp. C'est un lieu qui plait aux touristes Turcs ou étrangers venant dans la région.

Ce qui attire tout d'abord l'attention dès l'entrée dans ce bourg, c'est l'architecture des maisons avec des ornements exécutés sur le pourtour des portes et fenêtres.

Autrefois des Grecs Chrétiens habitaient dans ce lieu et lors de l'échange des populations dans les années 1924-25, les Turcs vinrent s'y installer .Les Grecs appelaient ce bourg Sinoson ou Sinassos.Les Turcs changèrent ce nom en Mustafa Pacha.

Dans ce bourg, un ancien monastère Grec à deux étages est désormais utilisé comme hotel. Les fresques qui s'y trouvent sont en bon état.

A 1 km. se trouve une église, à un seul étage, nommée Ayios Vasilios. Creusée entièrement dans la roche, elle repose sur 4 colonnes. On y entre, en descendant par des marches taillées dans la roche. Bien qu'elle ne possède pas une longue histoire, ses fresques sont intéressantes.

La porte de Medrassa / Mustafa Paşa

ÜRGÜP

Situé à 20 km. à l'Est de Nevşehir, à 7 km. de Göreme et à 1050 m. d'altitude. Sur certaines cartes anciennes, Ürgüp est cité sous le nom d'Osiana. C'est l'une des plus riches sous préfectures de Nevşehir sous tous ses aspects. C'est Ürgüp, qui a fait connaitre Nevşehir à l'échelle mondia-le, par l'intermédiaire de ses beautés historiques et naturelles.

A Ürgüp on trouve également des oeuvres datant de la période Seldjoukide et Ottomane, telles que des fontaines, hammams, mosquées, bibliothèque et auberges. Sur la plus haute colline d'Ürgüp (Temenni Tepesi) se trouve le Turbé (tombeau) de Kılıç Aslan, l'un des sultans Seldjoukides.

En 1963, Mustafa Güzelgöz créa une bibliothèque ambulante sur âne. A Amsterdam, en 1969, il fut élu bibliothécaire de l'année.

Outre ses monuments historiques et ses beautés naturelles, Ürgüp est réputé pour ses tapis et pour ses vins. Chaque année, en Octobre, est organisé un festival international du vin.

Vue générale d'Ürgüp

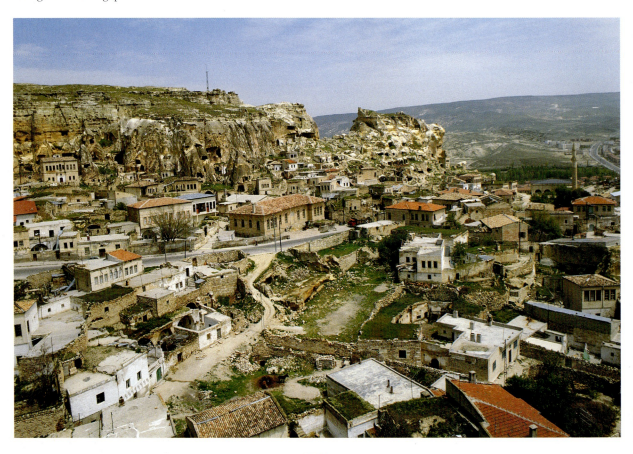

Kızılçukur

Üzümlü L'Église

LA VİLLE SOUTERRAİNE DE DERİNKUYU
(Melegüp, Melagobia)

Derinkuyu qui signifie "puits profond", est un arrondissement de Nevşehir, situé sur la route Nevşehir-Niğde. Ce bourg à 1355 m. d'altitude, se trouve à 50 km. de Niğde et à 29 km. de Nevşehir, on y compte environ 9000 habitants. Cette bourgade Anatolienne s'est fait connaître assez récemment par sa ville souterraine, ses églises en surface, son hopital psychiatrique et ses richesses historiques. Maintenant Derinkuyu demeure le lieu incontournable pour les touristes sillonnant la région.

La ville souterraine, trouvée par hasard, a été mise à la disposition des visites touristiques en 1965, par la Direction Générale des Oeuvres Antiques et des Musées.

İl est présumé que les Hittites, les Phrygiens, les Romains, les Byzantins et les Proto-Hittites aient habité cette ville souterraine. On pense que les premiers étages furent construits pour servir de dépots, par les Proto-Hittites et que les autres peuples ajoutèrent des étages et créèrent ainsi cette ville souterraine qui comporte de nos jours 8 étages.

Ville Souterraine de Derinkuyu

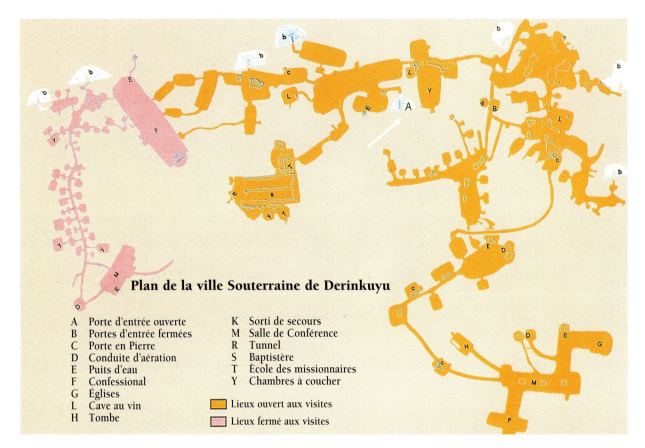

Plan de la ville Souterraine de Derinkuyu

A Porte d'entrée ouverte
B Portes d'entrée fermées
C Porte en Pierre
D Conduite d'aération
E Puits d'eau
F Confessional
G Églises
L Cave au vin
H Tombe
K Sorti de secours
M Salle de Conférence
R Tunnel
S Baptistère
T Ècole des missionnaires
Y Chambres à coucher

■ Lieux ouvert aux visites
■ Lieux fermé aux visites

En Cappadoce il ya encore 36 villes souterraines qui servirent de lieux sùrs, aux premiers Chrétiens et permirent de propager en cachette leur religion ou de rendre leur culte à Dieu à l'abri de toute pression. Ces villes souterraines furent également utilisées au VI. ème siècle et VII. ème siècle.

Les 1er et 2 ème étages étaient réservés à l'école, aux baptêmes, aux cuisines, aux dépôts, aux chambres, salle de repas, caves et étables. Les 3 ème et 4 ème étages servaient de cachettes, dépots d'armes et tunnels. Lorsque il y avait invasion d'ennemis, les habitants se sauvaient par ces tunnels. On est persuadé qu'un tunnel, se trouvant au 3 ème étage, communiquait alors avec la ville souterraine de Kaymaklı situé à 9 km. de Derinkuyu. Les cheminées d'aération n'ont pu être préservées, leurs sorties ayant été remplies de pierre et de terre. Certains indices portent à croire que les autres étages servaient d'abris, telles que ces

Trou d'Aération de la ville souterraine

portes de pierre (tırhıs en Turc régional) qui servaient à fermer les corridors lorsque la ville était assiégée. Les habitants de la ville souterraine se retrouvaient ainsi à l'abri dans les étages en bas, puisque l'ouverture de ces portes de pierre, par l'extérieur, reste impossible. La particularité de ces portes rondes est de s'ouvrir ou se fermer uniquement de l'intérieur.

Ces portes sont percées, au centre, d'un trou servant à la défense contre toute attaque venant de l'extérieur. Aux derniers étages se trouvent l'église, la salle de réunion, des tombeaux, des conduits d'aération, des puits d'eau spéciaux et des cheminées secrètes servant à l'évasion, on trouve 52 cheminées dans cette ville souterraine qui ont entre 70 et 80 m. de profondeur. L'aération de tous les étages est assurée par ces cheminées.

La ville étant sur un plan légèrement incliné, les fonds de ces cheminées se retrouvent des puits d'eau, tandis que la partie supérieure conserve son rôle d'aération.

L'approvisionnement de l'eau pour Derinkuyu était assuré, jusqu'en 1962, à partir de ces puits.

L'église de la ville souterraine se trouvant au dernier étage est large de 10 m. longue de 25 m. avec une hauteur de 2,50 m. Elle a un plan en croix. Face à cette église se trouve une salle à 3 colonnes qui devait servir aux réunions. Du coté droit de cette salle, au fond du corridor, il a été découvert un tombeau. On prétend que le

Aigle Romaine

Stèle funéraire de la période Romaine

squelette qui s'y trouvait a été envoyé à Ankara pour analyse.

Il y a encore de nombreuses villes souterraines dans la région, ressemblant fort à celle de Derinkuyu avec des portes de descentes appartenant à ces villes. Les portes étant à l'intérieur des maisons d'habitation actuelles, certaines parties des premiers étages servent de dépots, quant aux étages inférieurs ils sont comblés de terre, aussi il est malaisé de les visiter. Au dessous de certaines maisons actuelles il y a parfois des endroits souterrains qui descendent jusqu' à 18 ou 20 étages. La croyance populaire prétend que la terre dégagée de la ville souterraine de Derinkuyu, occupant une aire de 4 km et capable d'abriter 4000 foyers, à été répandue, en partie, au pied

Portes de la ville souterraine

Galerie de la ville souterraine de Derinkuyu

du mont Söğdele à l'Est de Derinkuyu et l'autre partie, dans un ruisseau assèché entre Kaymaklı-Derinkuyu.

Si on imagine que 10 000 personnes en moyenne pouvaient vivre dans cette ville souterraine, il est aisé d'imaginer le travail colossal pour parvenir à la réalisation de cette ville. En circulant dans la ville actuelle il ne faut pas oublier qu'il y a la même ville au-dessous.

On dit que pour construire les Pyramides en Egypte il a fallu 100 000 ouvriers durant 30 ans. Combien de personnes ont sué sang et eau ou sont morts pour la réalisation de Derinkuyu? Aucune réponse ne nous à été fourni jusqu'à maintenant.

Jésus Christ

Eglise Grecque à Derinkuyu

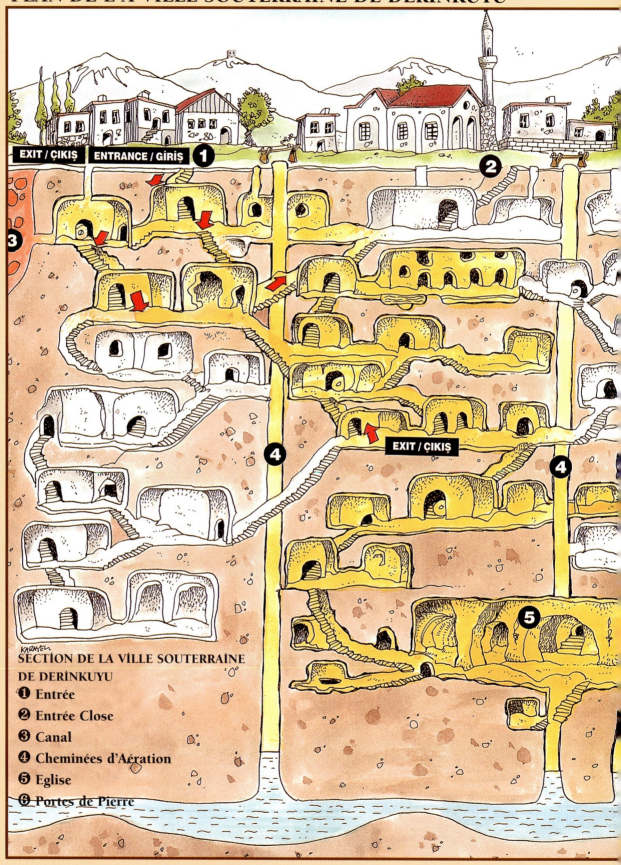

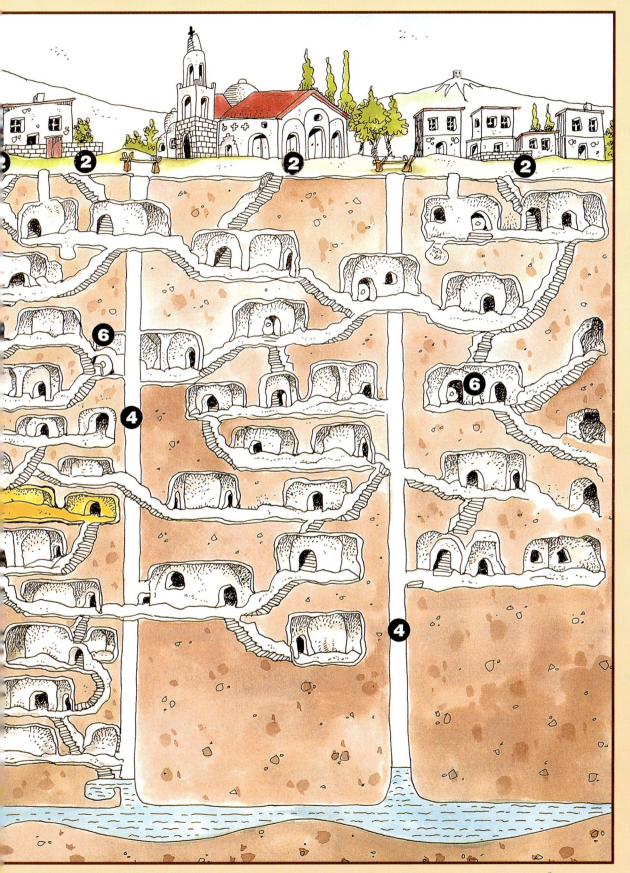
Ömer Demir

Les Villes Souterraines et leurs Constructeurs

Parmi les endroits qui attirent le plus attention des touristes, outre les beautés historiques ou naturelles de la région, ce sont sûrement les villes souterraines. Comme déja souligné dans le chapître précédent, dans cette région on trouve plus de 36 villes souterraines. On peut imaginer combien d'années il a fallu pour creuser toutes ces villes dont le nombre, à mon avis, ne cessera d'augmenter lors de nouvelles découvertes. Combien de personnes participèrent à ces travaux? Des milliers sans doute, ont creusé avec patience, perséverance, en utilisant les moyens rudimentaires de l'époque. Combien de terre transportée et où l'a-t-on dispersée ? Un véritable travail de fourmis qui mérite beaucoup de respect. Pour la construction de ces villes souterraines, on peut supposer que, tout d'abord, on creusa des cheminées d'aération de 70 à 85 m. de profondeur et qu'ensuite on procéda au travail d'excavation sur les côtés à partir de ces

Vue de l'intérieur de la ville souterraine

Schéma de la ville souterraine

cheminées, tout en utilisant probablement des systèmes de poulies pour l'évacuation de la terre vers le haut. Pour s'assurer de l'oxygène il était indispensable de créer d'abord les cheminées d'aération.

La terre évacuée, pour une ville souterraine, représente une telle quantité que, déposée dans le même endroit, elle aurait dû former une grande colline.

En prêtant attention, on remarque que la région Cappadocienne présente à sa surface beaucoup d'ondulations et vallées. Probablement les terres excavées furent versées dans des ruisseaux appropriés puis disparurent sous l'effet de l'érosion.

Derinkuyu est une plaine, toutefois son centre est traversé par une vallée qui rejoint Kaymaklı. Cette vallée, de 50 à 60 m. de largeur sur 8 km de longueur, est entièrement comblée. Personnellement ma supposition penche pour le fait que la terre évacuée fut déchargée dans cette vallée et une autre partie au pied de la colline Söğdele Tepesi. Si la terre avait été simplement répandue sur tout le terrain, du pourtour de la ville, le sol serait devenu argileux, aride donc inculte, alors que cette région jouit d'un terrain agricole prospère et fertile.

Pour le creusement de ces villes il ne faut pas oublier que la région composée de tufs et de laves des montagnes Erciyes à l'Est et Hasan Dağı à l'Ouest facilite le travail de creusement. Généralement ces villes souterraines se trouvent dans les endroits de tufs volcaniques. La roche est tendre, mais la partie creusée se

Galeries de Derinkuyu

durcit, avec le temps, au contact de l'air. Cette roche tendre a permis le creusement de ces villes. Dans les étages supérieurs ainsi que dans certaines cheminées d'aération on ne rencontre aucune trace de ciseau, parce que ces parties sont durcies. Par contre les étages inférieurs, pas trop durcis pourraient éventuellement être encore creusés, dans ceux-ci on remarque nettement des traces de ciseau.

Il faut beaucoup d'années avant que les traces de ciseau disparaissent, cela démontre donc que beaucoup de temps s'est écoulé entre le creusement des premiers et derniers étages.

L'Anglais R. Camp Bell Thomson a trouvé en 1910, dans la vallée de Soğanlı Deresi, des objets datant de l'âge Paléolitihique, tels que pierres, haches à main. Actuellement on ignore si les premiers étages des villes souterraines appartiennent à la période Paléolithique étant donné qu'elles se situent dans cette même région. Jusqu'ici on n'a pas effectué de fouilles archéologiques ou d'études dans ce but. Toutefois, l'église au plan en croix, se trouvant au 7 ème étage de la ville souterraine de Derinkuyu, son aménagement d'une école, d'un baptistère, par l'extension des premiers étages, permet d'affirmer que les Romains et les Byzantins aient habité dans ces lieux .

Le sytème d'aération créé dans ces villes est si bien conçu que la circulation d'air pur s'effectue sans cesse et cela jusqu'aux étages inférieurs. Bien entendu le fait que la ville souterraine de Derinkuyu fut nettoyée de bas en haut, contribue à cette excellente ventilation. Au 7 ème étage lorsqu'on s'approche de la cheminée d'aération, on remarque que la fumée de cigarette monte rapidement vers le haut. La température ambiante y est de 7 à 8 degrés en été comme en hiver et jusqu'à 13 à 15 degrés dans les recoins éloignés du système d'aération.

Un autre élément curieux dans ces villes est la constatation de trous de 3 à 4 m de longueur et de 10 cm de largeur s'ouvrant à l'air libre à partir du premier étage. On suppose qu'ils servaient pour la communication et qu'ils ont été faits à l'aide d'un poinçon en bois, muni d'un métal à son extrémité. Parfois, on trouve deux trous l'un près de l'autre, parfois un seul trou.

Les villes souterraines furent exécutées par étapes sur un temps sûrement très long.

Les portes de Derinkuyu

Des chambres dans la ville souterraine

Actuellement nous ne possédons pas de données suffisantes pour répondre aux questions qui nous sont posées, surtout celles relatives à la manière d'y vivre à l'intérieur.

Nous constatons qu'il y a peu de cuisines dans les villes souterraines. On peut supposer, que vu le nombre de familles obligées d'y vivre, il n'était guère possible de sacrifier de nombreux espaces pour plusieurs cuisines. Les habitants vivaient en groupe d'une manière collective. De surcroît, de nombreuses cuisines auraient provoqué l'émanation de beaucoup de fu-mée, néfaste pour les habitants d'une part, mais surtout aurait permis d'être facilement repérable pour l'ennemi.

Dans ces villes, on trouve aussi des trous, faisant penser aux fosses d'aisances, mais rien ne nous permet de l'affirmer. Cependant, dans les villes souterraines de Tatlarin et de Gelveri, les toilettes sont bien distinctes et pourraient même être utilisables actuellement; elles ont des fosses septiques. Ces deux villes datent de la période Byzantine.

Au dessus de certaines villes souterraines des villages ont été construits, sur certaines autres c'est le terrain vague plat. Aussi on doit réaliser qu'il n'était pas possible, lors d'attaques, aux habitants de faire leurs besoins naturels ur un terrain où ils pouvaient être immédiatement repérés. Probablement, en périodes d'attaques,

La Chapelle de la ville souterraine Kaymaklı

les occupants des villes souterraines avaient recours à des poteries qu'ils recouvraient de sable pour empêcher les émanations d'odeur fétide ou les contagions. Ces poteries devaient être jetées en temps opportun.

Au cours des travaux de dégagement des villes souterraines, aucun indice n'a permis d'apprendre quelque chose sur le côté vestimentaire des occupants. Puisqu'il fait frais à l'intérieur, les vêtements devaient être plus chaud. Pour cela, il est probable qu'ils portaient des fourrures, aussi longtemps qu'ils restaient dans les villes souterraines.

Les corridors de toutes les villes souterraines ont entre 1,60 m. à 1,70 m de hauteur. Les gens étaientils grands ou petits ? Rien ne nous permet de le dire.

Corridor dans la ville souterraine

Les galeries

Latrine

Dans ces temps-là, on prêtait beaucoup d'importance aux animaux et au vin, on le constate car il y a très souvent des bergeries, étables et endroit pour le vin, aux premiers étages de toutes les villes souterraines.

Ces hommes devaient facilement labourer et cultiver leurs terres fertiles se trouvant aux environs des villes souterraines. Cependant comment faisaientils lors d'attaques lorsqu'ils étaient dans leurs champs? Comment arrivaientils à communiquer entre eux?

En Cappadoce, il existe beaucoup de petites montagnes et collines, telles qu'Erdağ, Karadağ, Çağni, Kahveci Dağı, sur lesquelles se trouvaient de petites guérites, disparues aujourd'hui, dont on ne voit désormais que les pierres de bassement. Peut-être, à l'aide de miroirs, envoyaientils des messages lumineux pour communiquer entre-eux et cela à partir de ces guérites?

Les villes souterraines ont également joué un rôle important dans la propagation du Christianisme. Cela est révélé par la présence d'églises et lieux de cultes secrets découverts dans ces villes souterraines.

Ces villes ne sont plus habitées depuis le VIII. ème siècle. Aussi, avec les siècles écoulés, la terre et les pierres entrainées par les pluies ou la neige ont fini par combler ces souterrains en pénétrant par les cheminées et les portes.

Certaines villes souterraines furent entièrement obstruées d'autres le furent moins.

C'est la raison pour laquelle des villes ou des bourgs furent construits au dessus, sans être conscient de bâtir sur des souterrains comblés et ignorant même leur existence.

Dans les villes souterraines une chose attire vraiment l'attention. C'est la présence de portes en pierre, de forme ronde, de 55 à 65 cm d'épaisseur et de 1,70 m à 1,75 m de diamètre pesant de 300 à 500 kg. Ce qui est surprenant, c'est la pierre elle-même qui n'a pas le même degré de dureté que la roche des villes souterraines. Cela atteste que ces portes furent taillées à l'extérieur , puis descendues en bas dans les souterrains.

Généralement les villes souterraines furent établies sur les côtés Sud, Est et Ouest des collines et non du Nord ; cela certainement car il fait très froid et il neige énormément, dans la région en hiver.

Quiconque ne peut répondre aux questions relatives à l'identité ou à la provenance de tout ceux qui un jour ont pu habiter ces villes souterraines. Quand et pourquoi ont-il eu la nécessité de construire ces villes?

Plan de la ville d'Özkonak

es galeries

LA VİLLE SOUTERRAİNE DE MAZI KÖYÜ
(Mazata)

Cette ville n'est pas encore ouverte au tourisme, ni mise à jour. Pour y accéder il faut faire 7 à 8 km, depuis Kaymaklı, vers l'Est. Mazı Köyü est dans la vallée. Ce qui présente de l'intérêt dans ce village, ce sont des sépultures anciennes creusées dans les hautes roches, l'église aux structures différentes et la ville souterraine. Les sépultures sont construites de trois façons différentes: Quatre d'entre-elles ont des colonnes et sont très intéressantes. Bien que certaines autres soient sans colonne, les parties intérieures, là où l'on dépose la dépouille, sont identiques. Leur nombre est d'une trentaine environ. Quant aux sépultures se trouvant sur la plate-forme au-dessus des rochers, leur nombre atteint des milliers.

Au dessus du village sur les rochers et à la hauteur de la vallée de Bağırsak Deresi, il ya un grand nombre d'églises et de chapelles. Certaines sont effondrées ou remplies de terre. Seule, une église creusée dans la roche au Sud du village a pu rester en bon ètat. Cette église possède une colonne au centre, une grande abside du côté gauche de l'entrée et un plafond à deux arcs. Sur les deux côtés de l'abside on voit une croix. On retrouve également une croix sur la face avant, de la colonne centrale. Quant à sa face Nord, qui est plus large, on y voit un motif formé de croix.

La ville souterraine, située sous le village actuel, est difficile d'accès. On y entre par un trou de roche qui part de l'Est vers l'Ouest. On ignore où est la vraie porte d'entrée. Avec les siècles, les roches, ce sont écroulées faisant disparaitre l'entrée principale. Il est difficile de connaître le nombre d'étages de cette ville, tout comme il est pratiquement impossible de la visiter en raison de son état d'abandon la rendant même dangereuse pour s'y aventurer à l'intérieur.

Le village Mazı est actuellement une ruine, mais il représente un lieu historique qui demanderait d'être sauvé, restauré et ouvert au tourisme.

LA VİLLE SOUTERRAİNE D'ÖZKONAK

Galeries et portes

Özkonak est situé à 12 km au Nord d'Avanos, en direction de Gülşehir. Au Sud d'Özkonak on trouve "Yalı Damı Sığınağı" et le Monastère de Belha. Ce monastère, datant de l'époque Byzantine, est un modèle typique des autres monastères que l'on peut voir dans la région Cappadocienne.

La ville souterraine fut découverte en 1972, par le muezzin de la mosquée Latif Acar alors qui travaillait dans son jardin. Débarassée puis nettoyée de tout ce qui la comblait, sous le patronage de la mairie D'Özkonak, cette ville fut ouverte au tourisme en 1973. Jusqu'en 1990, c'est Latif Acar qui se chargea de la protection de ce lieu. Le nombre de visiteurs ne cessant de croître, la Direction Spéciale du Dèpartement pris le relais pour protection de cette ville souterraine sous le contrôle de la Direction des Musées. Comme dans les autres villes souterraines on y voit des mangeoires, des greniers, des caves et de beaux spécimens de portes rondes en pierre.

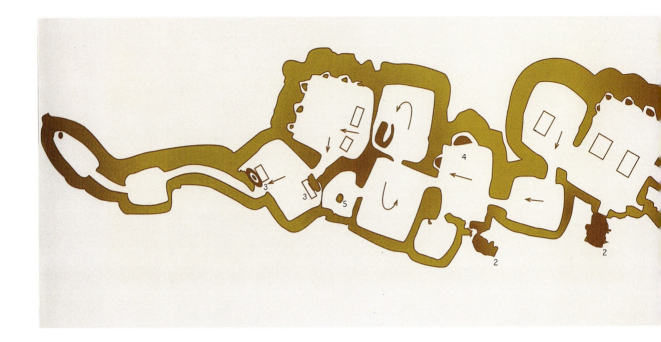

**Plan de la ville
souterraine de Özkonak**
    1. Porte d'entrée ouverte
    2. Portes d'entrée fermées
    3. Porte en pierre
    4. Cave au vin
    5. Chambres à coucher

Comme dit dans les chapitres précédents, en général les portes étaient taillées à l'extérieur et introduites ensuite, à l'intérieur. A Özkonak c'est différent, ces portes de pierre, de 60 cm d'épaisseur de 1,70 m de diamètre et pesant 500 kg, furent taillées à l'intérieur. Les lieux où elles furent fabriquées sont parfaitement visibles de nos jours.

Le bourg est divisé par un ruisseau. Sur les rives intérieures, sur 4 km de longueur et 30 m de profondeur, se trouvait autrefois, un terrain d'habitation.

Accès aux chambres

LA VİLLE SOUTERRAİNE DE KAYMAKLI
(Enegüp, Soandus)

Situé à 20 km de Nevşehir et 9 km de Derinkuyu ce bourg, dont on ne connait pas la date d'origine, portait auparavant le nom d'Enegüp qui fut ensuite transformé en "Enegobi par les Grecs qui vivaient ici avant l'échange de la population en 1924. Puis les Turcs le nommèrent "Kaymaklı".

Enegüp (Kaymaklı), Melegüp (Derinkuyu) et Güple sont des anciens centres d'implantation dans cette région, tous situés sur le même parcours d'un même chemin. Certaines cartes géographiques nomment la ville de Kaymaklı comme "Soandus".

La ville souterraine, au milieu du bourg actuel appelé Kaymaklı, est située sur une colline.

Galeries et portes

Elle fut découverte en 1964 puis, après les travaux de déblaiement terminés, fut ouverte au tourisme. Actuellement on peut visiter 4 étages, mais on ne connait pas le nombre des étages restants au-dessous. La ville ne descend pas très bas et elle est plane à partir de 15 à 20 m environ.

Cette ville fut, elle aussi, creusée par des peuplades convertis au Christianisme qui, pour fuir l'oppresseur qui cherchait à les exterminer, trouvèrent là, un endroit sûr, qui leur permettait d'être à l'abri des ennemis tout en étant libre pour la célébration de leur culte à Dieu.

Ce qui peut attirer l'attention ce sont les magasins à vivres, réservoirs à vin, chambres, église à double absides pour les prières, cheminées d'aération et portes de pierre contre les dangers venant de l'extérieur. Comme dans

Corridor

les autres villes, les portes rondes permettent de fermer les tunnels et ne peuvent s'ouvrir que de l'intérieur.

Au-dessus de la ville souterraine, on peut remarquer des tombes vides à structure simple. On retrouve également des tombes vides, au deuxième étage de cette ville, qui furent creusées dans une pièce.

On compte une seule cheminée d'aération et une seule cuisine dans la partie accessible aux visiteurs.

Comme cette ville souterraine est incomplètement nettoyée, alors qu'elle ressemble avec son nombre de pièces à une fourmilière, il est vraisemblable que plusieurs autres cuisines et cheminées d'aération existaient à l'époque.

Les portes de pierre, comme dans les autres villes souterraines ont 55 à 60 cm d'épaisseur et 170 à 175 cm de hauteur, pèsent 500 kg. Elles ont été taillées à l'extérieur, car le degré de dureté des portes est de 30 à 35, alors que celui de la ville est de 14 à 18, cela prouve que les portes de pierre viennent bien de l'extérieur. Elles furent amenées par un orifice fait sur un côté qui fut muré à l'aide de pierres. Kaymaklı est une ville qui mérite d'être visitée.

Galeries / La ville souterraine de Kaymaklı

SECTION DE LA VILLE SOUTERRAINE DE KAYMAKLI

ESKİ GÜMÜŞ

Au Nord-Est de Niğde, à 6 km de cette ville, se trouve un monastère Byzantin creusé dans la roche. Des pièces ont été creusées à l'Ouest et au Sud-Est de la cour ainsi qu'au Nord du Monastère. Celui-ci date du X.ème, XI.ème siècle. Dans l'église, la coupole repose sur 4 grandes colonnes rondes, côté Est on trouve 3 absides, côté Nord une pièce pour la prière. L'intérieur de l'église est orné de

L'Archange Gabriel / Eski Gümüş

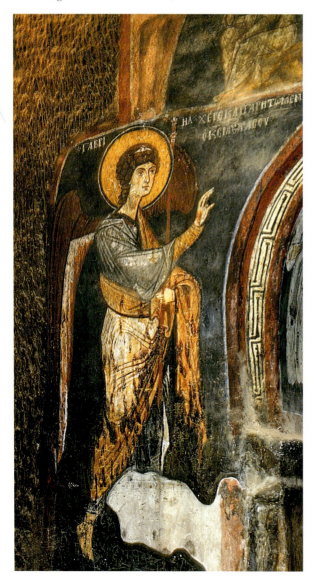

La Vierge et Jésus / Eski Gümüş

fresques représentant Jésus Christ et la Vierge Marie. Dans une autre abside, on remarque une fresque éclatante par ses couleurs et sa beauté qui représente l'Enfant Jésus dans les bras de la Vierge Marie. Du côté Sud de la cour, il y a des portes, fermées actuellement, qui conduisent vers le bas.

LA VILLE SOUTERRAINE ET LES ÉGLISES RUPESTRES DE TATLARIN

A 20 km de Nevşehir et à 9 km au Nord d'Acıgöl, on arrive au bourg de Tatlarin où vivent 3500 habitants. Sur le flanc du Mont Taşkale, à l'Est du bourg, se trouvait un ancien site habité et on peut y voir une ville souterraine ainsi que des églises rupestres. La ville souterraine fut ouverte au public en 1975. Une caractéristique de cette ville, ce sont les toilettes qui sont très reconnaissables encore de nos jours.

Parmi plusieurs églises rupestres, on a trouvé, dans deux d'entre-elles, des fresques couvertes de fumée. La Direction des Musées de Nevşehir a pris ces églises sous côntrole et en 1991 des travaux de restauration ont été entrepris.

Jésus "Le Pantocrator"

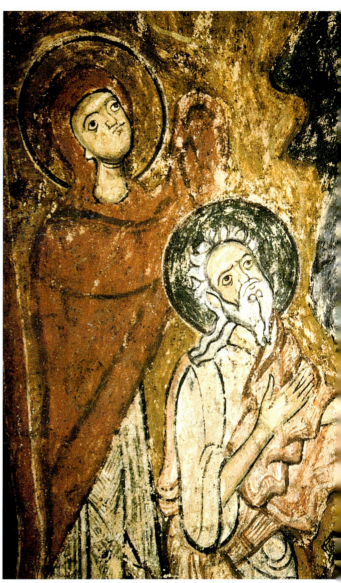

Cheminee de fee en forme de champignon

GÜLŞEHİR et AÇIKSARAY

Gülşehir est situé au pied de la colline Kepez Tepesi, près de l'endroit où le fleuve Kızılırmak fait un méandre et ce, à 20 km de Nevşehir.

On s'accorde à dire que Gülşehir date d'avant j.c., et construit par les Hittites, portait le nom de "Zoropassos" ; les Grecs changèrent ce nom en "Arıburun". Après la fondation de la République Turque en 1923; son nom devint Gülşehir. Aujourd'hui, c'est un arrondissement de Nevşehir.

En prenant la direction de Nevşehir à la sortie de cette ville, et après avoir parcouru 2 km on rencontre les premiers abris Chrétiens qui furent creusés par centaines dans des rochers, au point que la vallées est à moitié recouverte par ces abris. Ce lieu s'appelle Açık Saray. Bien que détruitent en partie, les peintures datant des VI ème et VII ème siècle méritent dêtre vues. Au même endroit, on trouve un tunnel, long de 100 m, qui relie les deux vallées.

Dans les villages de Sığırlı, Gümüşkent, Sivasa et Göresin, dépendant de Gülşehir, on trouve encore des villes souterraines, mais celles-ci ne sont pas ouvertes au tourisme.

Dans le village de Sivasa on peut voir, sur les flancs d'un rocher, une écriture hiéroglyphique datant des Hittites. Toujours à Sivasa, côté Ouest, est située une église Byzantine creusée dans le rocher. Les fresques représentant Jésus, la Vierge Marie et des Saints anonymes sont très abimées.

Fresques de l'église St. Jean

L'Église Saint Jean

Cette église se trouve à l'entrée de Gülşehir et est composée de deux étages. Au rez-de-chaussée il y a une église, la cave et des tombeaux. Au premier étage une deuxième église possédant des fresques représentant des scènes de la Bible. L'église du rez-de-chaussée, en forme de croix, à une seule abside. La coupole centrale est détruite. Les fresques, peintes avec l'ocre, représentent des motifs d'animaux stylisés, des inscriptions géométriques et des croix. L'église du deuxième étage à trois absides. Sa restauration a été exécutée par le restaurateur Riclvan en 1995. Sur ses fresques il y a des scènes de la vie de Jésus et de la Bible représentées sous forme de frises, sur fond noir; le marron et le jaune ont été utilisés sur les niches, sur les façades on voit des motifs géométriques et des végétaux. Sur les murs Ouest et Sud, on remarque une scène du "Dernier Jugement", ce qui est rare en Cappadoce. L'église Saint Jean date de 1212, selon une inscription gravée dans l'abside.

Sur l'abside on remarque la scène de : Deesis (La Prière) sur la façade: l'Annonciation et des Saints dans des médaillons, La Cène, La Trahison de Judas, Le Baptême, la Dormition de la Vierge Marie sur le mur du Sud et sur le mur Nord : La Crucifixion, Les Femmes Au Tombeau, La Descente aux Enfers. Sur les murs Sud et Ouest : Le Dernier Jugement.

VILLE ANTIQUE DE SOBESOS

Les quelques fouilles effectuées en mai 2002 par la Direction du musée de Nevşehir, dans le lieu Örencin, village Şahinefendi, district Ürgüp, ville de Nevşehir, ont mis au jour une salle de réunion en mosaïque et un bain public appartenant à l'époque romaine tardive.

La salle de réunion a été détruite à l'époque romaine précoce d'une manière ou d'autre tout en restant exposée à la destruction depuis une longue date, et une partie des mosaïques a été détruite.

Une chapelle simple avec les mêmes matériaux fut construite sur l'espace de la salle de réunion en mosaïque détruite à l'époque romaine tardive (6-7 ème siècles) tardive à l'époque romaine précoce.

Les 100 tombes appartenant à l'époque byzantine ont été découvertes autour de la salle de réunion. Les études faites dans ces tombes montrent que les corps sont ensevelis vers la direction d'est –ouest, les mains sur la poitrine, la main droite sur le coeur, la main gauche sur la rate. On a découvert une chapelle de cimetière au sud de la salle de réunion.

Le bain public a été mis au jour avec toutes ses dépendances, à savoir la chaufferie, la chambre d'eau chaude, la chambre d'eau froide, le bassin et la salle de déshabillage. Le motif de sandale en mosaïque dans la salle de déshabillage est magnifique.

Le lieu de ruine qui est cité comme SOBESSOS dans les références antiques est devenu lieu d'habitation l'époque romaine tardive et l'époque romaine précoce. Les fouilles sont en cours dans le lieu des ruines.

SOĞANLI

Soğanlı est situé dans une vallée à 25 km à l'Est de Derinkuyu et à 65 km au Nord Ouest d'Ürgüp. Son nom ancien était Soandos. Selon un récit, ce serait le dernier endroit pris lors des invasions Arabes. Après s'être emparé de plusieurs villages de la région, Battal Gazi aurait dit, qu'il avait remis, la conquête de ce lieu, à plus tard. C'est pourquoi le village pris le nom de "Sona Kaldı" qui signifie "placé le dernier". Au fil des siècles le nom changea et devint "Soğanlı".

Dans la vallée on compte environ 150 églises, la plupart remplies de terre. Parmi celles que l'on peut visiter on trouve : Yılanlı Kilise, Saklı Kilise, Meryem Ana Kilisesi, Karanlık Kilise, Tokalı Kilise et Kubbeli Kilise. Cette dernière vaut absolument la peine d'être visitée.

Par ses propres caractéristiques, cette région est aussi intéressante que Göreme.

HACIBEKTAŞ

Ce bourg, situé à 45 km au Nord de Nevşehir, s'appelait autrefois "Suluca Karahöyük". Des fouilles effectuées ont permis d'apprendre que ce lieu fut occupé, auparavant, par les Hittites, les Phrygiens, les Romains et les Byzantins.

Hadji Betaş-ı Veli, venu de Khorassan au XIII. ème siècle, fonda ici un Dergâh (couvent Musulman) qui, plus tard, devint un centre important de derviches.

Dans ce Dergâh on faisait cuire beaucoup de nourritures pour distribuer aux pauvres. Dans le même temps, Hadji Bektaş-ı Veli enseignait la religion Musulmane. Beaucoup lui firent confiance et adoptèrent l'İslam. Au XIV. ème siècle on construisit une maison d'ascètes qui fut agrandie par la suite. Des travaux de restauration furent effectués au XIX. éme siècle, puis de nouveau entre 1954 et 1966 sous le contrôle de la Direction Générale des Oeuvres Antiques qui l'ouvrit au public.

Chaque année entre le 16-18 Août est organisé le festival de Hadji Bektaş-ı Veli.

Musée et Couvent à Hacıbektaş

Vue de la Vallée d'Ihlara

IHLARA

A 58 Km de la route Nevşehir-Ankara tourner à gauche et continuer encore 40 km pour arriver à Ihlara. Il est possible d'y aller en partant de Derinkuyu. C'est un chemin plus court qui fait 40 km de distance.

Durant des siècles l'érosion a créé cette vallée où coule la rivière de Melendiz. La vallée d'Ihlara a 150 m de profondeur; elle attire des milliers de visiteurs avec ses beautés naturelles et ses centaines d'églises.

Ihlara

Ihlara

Selime

L'Ascencion

En 1969 on a retrouvé, dans cette vallée la momie d'une jeune fille. Cette momie est aujourd'hui, exposée au Musée de Niğde.

La vallée d'Ihlara s'étend sur plusieurs villages: Belisırma, Yaprakhisar et Selimiye. Parmi les églises, les plus belles : Yılanlı Kilise, Kırk Dam Altı Kilisesi, Bahattin Samanlığı

Yılanlı Kilise (Église aux Serpents)

C'est une église au plan en croix, dans sa partie Ouest on trouve un tombeau vide et des peintures représentant "La Pesée des Péchés et

Ihlara

des Bonnes Actions" par l'Archange Michel. A l'extrême droite on remarque une peinture représentant les serpents s'enroulant aux corps des pêcheurs. Sur la voûte les scènes de Jésus-Christ et des Anges et la Dormition du côté Sud-Est. En outre on remarque d'autres scènes telles que, La Cène, Jésus et Marie ainsi que des Saints.

Ihlara

Ihlara

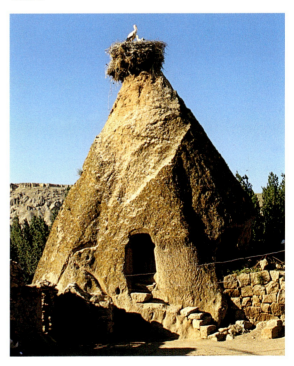

Ağaç Altı Kilisesi

Église en forme de croix, plus ancienne que les autres, malgré cela ses fresques sont en bon état. Sur le mur du fond et au plafond sont représentés, Daniel entre deux lions et un dragon.

Sümbüllü Kilise

Egalement en forme de croix et construite vers le XIV ème siècle.

Kırk Dam Altı Kilisesi

İci sont peintes des scènes de l'Evangile, parmi on voit , l'exécution de Zacharie .

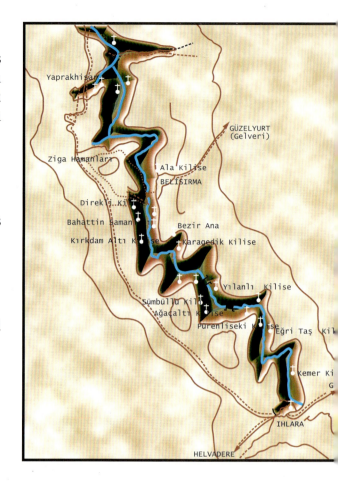

Les villageoises

L'HİSTOİRE ET LES OEUVRES SELDJOUKİDES

L'état Seldjoukide fut fondé par des tribus qui affluèrent en Anatolie au milieu du XI. ème siècle. Les Seldjoukides attachaient beaucoup d'importance aux arts Chinois, à la tapisserie, à la gravure sur pierre. Cet intérêt se remarque dans l'architecture des mosquées, turbés, médressés et caravansérails qu'ils construirent dans le pays. Les constructions Seljdjoukides Anatoliennes sont de véritable chef-d'oeuvres. Comme exemples remarquables de cet art : Le Médressé de Karatay, la Mosquée aux minarets élancés à Konya, Gök Médressé, ainsi que le Médressé à double minaret à Sivas. Dans les frontières de Cappadoce on trouve parmi les oeuvres Seldjoukides celles-ci: Alaaddin

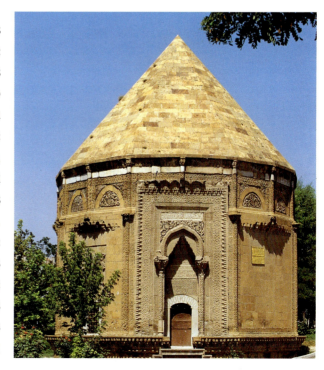

Camii, Hüdavent Hatun Türbesi, Sungur Bey Camii à Niğde, Huand Hatun Camii avec son Médressé, Döner Kümbet (voûte tournante) à Kayseri, Sultan Hanı entre Kayseri et Sivas, Karatay Hanı au village de Karadayı situé entre Tomarza et Bünyan, Sultan Hanı entre Aksaray et Konya, Ağzıkara Han et Alayhan entre Nevşehir et Aksaray, Sarıhan à 7 km à l'Est d'Avanos.

Au XIII. ème siècle l'Etat Seldjoukide Anatolien commença à péricliter dans sa politique et son administration. Des Beylicats Turcs comme Germiyanoğulları, Aydınoğulları, Menteşoğulları, Karamanoğulları, firent leur apparition sur le territoire Seldjoukide d'Anatolie qui s'écroula.

Parmi ces Beylicats, le Beylicat Ottoman pris beaucoup d'ampleur jusqu'à devenir maître de l'Anatolie entière. Il fonda un Etat puissant sur ces terres et poursuivit ses activités d'arts manuels.

Tombeau Seldjoukide / Kayseri

Detail d'un tombeau Seldjoukide

GAZİ EMİR (CARAVANSERAIL SOUTERRAIN)

Un chemin d'une longueur de 35 km vers Ihlara, en partance de Derinkuyu, vous emmène au village Gazi Emir (caravanserail souterrain).

En 2007 on a découvert une nouvelle ville souterraine. Les fouilles sont en cours.

Les travaux menés sous la direction de Ramazan Yıldırım, sous-préfet de Güzelyurt en collaboration avec le chef du village Atilla Bacık ont mis en lumière les quatre vingt pour cent de ces endroits.

L'état actuel montre qu7il s'agit plutôt d'un sérail souterrain.

Mais pour un touriste c'est une ville souterraine ou un caravansérail souterrain. Il a une structure différente par rapport aux autres ouvrages. La première porte d'entrée est faite avec les petites pierres en forme de voûte. A la fin du corridor d'une longueur de 15 mètres, il se trouve un vide ouvert. Sur le côté gauche, il doit avoir une église à quatre colonnes, une cave de vin à double caniveau ou un lieu de baptême. En face, il se trouve une chambre longue.

Les chambres, les écuries et les cuisines se placent sur les deux côtés du corridor ressemblant à un bazar et les cuisines ont une dimension de 1 x 1 environ pour faire les repas.

Il existe des écuries pour les moutons et chèvres. Et les chambres opposées abritaient des denrées alimentaires, les cruches de vin, et les silos qui se remplissaient par les hautes cheminées, un des lieux qu'on doit visiter c'est la ville souterraine de Gazi Emir.

AKSARAY

Portail de caravansérail

Le département d'Aksaray se situe au Nord de la montagne Hasandağı et au Sud-Est du Lac Salé, sur le point d'intersection des routes An-kara-Adana, Kayseri-Konya. Successivement cette ville s'appela Garsaura ; puis à la période du roi de Cappadoce Archélaos, d'origine Persane, le nom fut changé en Archelais de même origine.

Avec la domination de l'Etat Seldjoukide d'Anatolie et la construction d'un palais en marbre par Kılıç Aslan II, le nom de cette ville devint Aksaray (palais blanc en Turc)

En 1402, après la bataille d'Ankara, entre Yıldırım Beyazıt et Timur l'endroit resta sous la féodalité des Karamanoğulları. En 1468, Le Sultan Mehmet le Conquérant de la dynastie des Ottomans repris cet endroit et mis fin à la seigneurie des Karamanoğulları.

En 1924, Aksaray devint préfecture, puis fut réduite au rang de sous-préfecture rattachée à la ville de Niğde en 1933. Puis en 1989 Aksaray est de nouveau redevenue préfecture. Parmi les oeuvres d'art de l'époque qui méritent l'attention: Le Caravansérail d'Alayhan (1192), le Caravansérail de Sultanhan (1229), Ağzı Karahan (1231-1237), le minaret penché (XIII. éme siècle), le Médréssé de Zinciriye (XIII. éme siécle), la Grande Mosquée de Ulucami et la forteresse de Yaprak Hisar, Selime, Belisırma, Güzelyurt, la vallée d'Ihlara et des églises rupestres.

Aksaray, vu sa situation géographique qui la rapproche de la capitale, cette ville en plein essor se développe à tous les niveaux.

Eingang der Sultanhan - Karawanserei

LA VILLE SOUTERRAINE DE SARATLI

En partant d'Aksaray, à 22 km en direction de Nevşehir, une route à droite conduit à Saratlı. Au sud de ce bourg fut découvert une ville souterraine. La Direction du Musée d'Aksaray fit débuté les travaux en 1999 et en 2001, après les efforts réalisés par le maire Monsieur Muharrem Kaplan, la ville souterraine fut ouverte au public.

Cette ville possède trois étages. Au 1 er étage, des chambres, des cuisines, des dépots et des étables. Au 2 ème étage, des chambres, des dépots, un puits caché de 80x80 cm et de 15 m de profondeur, des trous d'aération ainsi que des meules pour la fermeture des portes.

Au centre de ces meules des trous. on suppose que ceux-ci permettaient la surveillance ou le lancer de flèches sur les ennemis.

Au 3 ème étage, parmi les chambres on remarque l'une d'elle qui possède un trou au milieu du sol permettant d'accéder à une autre pièce au dessous; sans doute pour se cacher lors d'invasions.

Une grande partie de cette ville souterraine est, encore de nos jours, utilisée par les villageois ainsi il n'est pas possible de connaitre sa superficie et sa profondeur exacte.

SARIATLI PLAN DE VILLE

A- Porte ouvert d'entrée
B- Port fermé d'entrée
C- Portes en pierre
D- Puits / conduit de cheminée
M- Dépôt des produits
O- Cuisine
W- Salle de bair turc
Y- Chambres
E- Puits d'eau

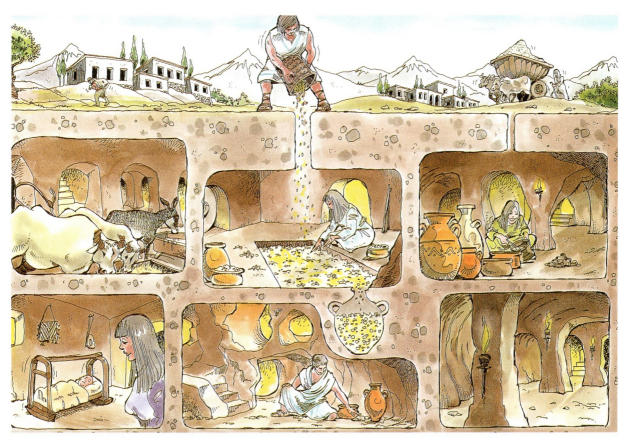

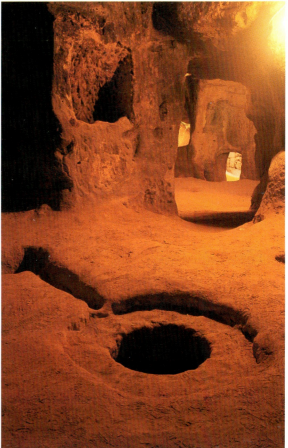

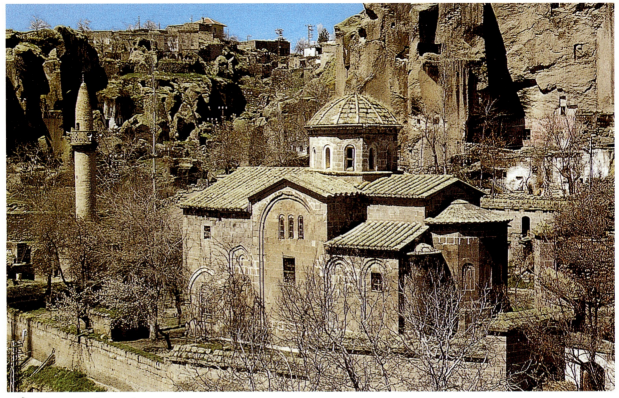

Eglise Byzantine de Güzelyurt

GÜZELYURT (Kalveri, Gelveri)

C'est une bourgade, située dans une vallée, au Nord de la montagne Hasandağı, à 15 km d'Ihlara et à 40 km de Derinkuyu.

A travers l'étude de la Haute Eglise et des objets en céramique trouvés dans la vallée Est du bourg, nous sommes parvenus à connaitre mieux l'histoire de ce bourg qui remonte loin dans le temps, puisque 2500 ans avant j.c. ce lieu était déja un important centre de commerce.

Ici le peuple continue de mener une vie enchevêtrée avec un passé lointain préservé.

Certaines sources affirment que Théologos, l'inventeur du calendrier qui remplaça celui des Perses, utilisé avant j.c., est né à Naziance (aujourd'hui Nenezi). Le théologien Grégoire serait né à Kalveri (Güzelyurt actuellement).

Lorsque ce dernier fut déclaré Saint, Kalveri devint un centre religieux.

Dans ce bourg il faut absolument visiter: Les églises et chapelles rupestres, des habitations préhistoriques d'avant j.c. la Mosquée Kaya Camii, Büyük Kilise (la grande église) et Yüksek Kilise (l'église haute).

Autrefois à Güzelyurt la poterie de Gelveri était une activité de renom en Cappadoce et malgré les siècles écoulés cet artisanat de poterie continue avec autant de talent.

A hauteur de Tilki Yalağı et de Punarca on a trouvé deux tunnels souterrains, mais obstrués. Certains habitants prétendent que l'un de ces tunnels mène à la vallée d'Ihlara et l'autre tunnel irait vers la montagne Hasan Dağı. Rien ne prouve cette hypothèse actuellement.

L'ARTISANAT ANTIQUE EN CAPPADOCE

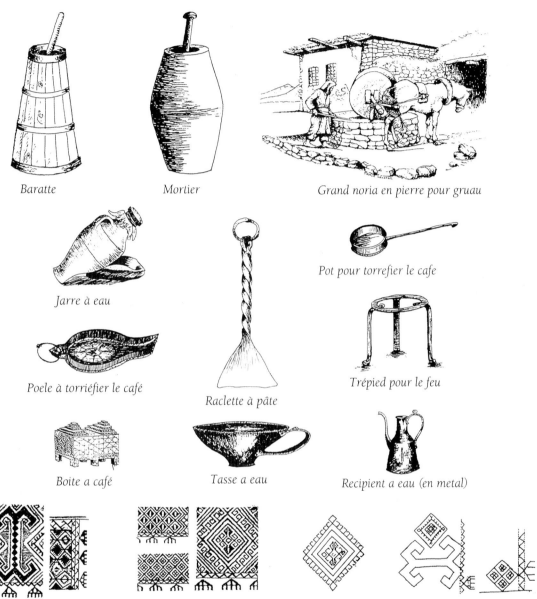

Dans les temps antiques, l'artisanat faisait appel à l'habileté des mains, jusqu'à une période récente les objets fabriqués de cette façon étaient encore utilisés dans différents coins d'Anatolie. Peu à peu le modernisme a pris le dessus, faisant oublier ces pièces magnifiques parfois.

Les pièces les plus rares et les plus belles ont été mises dans des musées.

Dans certaines régions on continue de faire usage de ces beaux objets faits à la main, qui arrivent à conserver, outre une originalité, une aisance d'adaptation dans la vie moderne.

Nous présentons, ci-joint, les figures de certains objets ménagers qui sont, héritage de la culture Turque et souvenirs de nos ancêtres.